CLEF DE SOL

Les bois et autres instruments à vent

Alyn Shipton - Myriam De Visscher

Éditions Gamma - Éditions Héritage

L'édition originale de cet ouvrage
a paru sous le titre: *Woodwind*
Copyright © Zoë Books Limited 1993
15 Worthy Lane
Winchester
Hampshire SO23 7AB
All rights reserved

Adaptation française de Myriam De Visscher
Copyright © Éditions Gamma, Paris-Tournai, 1994
D/1994/0195/86
ISBN 2-7130-1697-5
(édition originale: ISBN 0-431-06582-9)

Exclusivité au Canada:
Les éditions Héritage inc., 300, rue Arran
Saint-Lambert (Québec) J4R 1K5
Dépôts légaux: 3e trimestre 1994
Bibliothèque nationale du Québec
Bibliothèque nationale du Canada
ISBN 2-7625-7874-4

Loi n° 49-956 du 16 juillet 1949
sur les publications destinées à la jeunesse

Imprimé en Belgique

Origine des photographies

Les éditions *Zoë Books* souhaitent remercier tout particulièrement la section musicale
de l'école Edgarley Hall et spécialement Monsieur Brian Armfield pour son assistance
dans le choix des photographies, ainsi que David Titchener qui a fourni les photographies.

L'auteur et l'éditeur tiennent à remercier Stuart Chorley: copie d'un chalumeau de
J. C. Denner créée par Brian Ackerman page 16; The Bridgeman Art Library, Denis van
Alsloot (1570-v.1626) *Détail d'une procession:* collection privée page 24; C. M. Dixon:
page 13 (à droite); The Hutchison Library: couverture, page 14 (en bas); Japan
Information and Cultural Centre: page 14 (en haut, à gauche); Mary Evans Picture Library:
page 11 (à gauche); Performing Arts Library/Clive Barda: page 5, page 18 (en haut et en
bas), page 26; Redferns: page 21/Mike Hutson, page 22; Tumi *Latin American Craft
Centres:* page 11 (à droite)/Mo Fini; Zefa: page 29 (en haut, à gauche).

Sommaire

Les familles instrumentales

Tout orchestre comporte une section d'instruments à vent en bois constituée d'un groupe de familles instrumentales : flûtes et piccolos, clarinettes et saxophones, hautbois et bassons. Des instruments plus rares appartiennent généralement à l'une de ces familles : le cor anglais est une sorte de hautbois, le cor de basset ressemble à une clarinette. La flûte à bec faisait jadis partie de l'orchestre. Elle fut supplantée par la flûte traversière, sauf dans les **ensembles** de musique ancienne qui jouent des morceaux d'antan comme à l'époque de leur composition. Cet ouvrage présentera chacune des familles ainsi que certains instruments traditionnels apparentés ou provenant d'autres parties du monde et n'ayant normalement pas leur place au sein de l'orchestre.

La taille des instruments correspond généralement à une hauteur de la voix humaine. Elle va du **soprano** (la voix la plus haute) à la **basse** (la plus grave), quoiqu'il existe des versions miniatures de « sopranino » ainsi que des « contrebasses », instruments très graves et encombrants. Certaines familles, comme les saxophones, furent créées pour tous les niveaux de la tonalité ; d'autres n'en ont que quelques-uns.

Bon nombre d'instruments de la famille des instruments à vent en bois utilisés actuellement ne sont en fait plus en bois. Ils sont parfois en métaux tels que le cuivre et l'argent, ou en tout autre matière telle que la corne, l'os ou le plastique.

1 Flûte à bec soprano 2 Piccolo 3 Flûte traversière 4 Flûte alto
5 Flûte basse 6 Clarinette alto 7 Clarinette 8 Clarinette basse
9 Clarinette contrebasse 10 Saxophone soprano 11 Saxophone alto 12 Saxophone ténor 13 Saxophone baryton 14 Hautbois
15 Cor anglais 16 Basson 17 Contrebasson 18 Accordéon
19 Cornemuse écossaise

Le son

Lorsqu'un objet vibre, il provoque un son. Celui-ci est perceptible lorsque la vibration, traversant l'air, atteint nos oreilles. La vibration d'un objet pousse ou attire l'air environnant et engendre des ondes sonores. Celles-ci se propagent en quelque sorte comme des vagues sur l'eau. Les ondes sonores créées par des poids lourds sont suffisamment puissantes pour faire trembler et vibrer des objets légers à une certaine distance.

Si nous pouvions voir les ondes sonores, nous constaterions qu'elles sont de formes et de tailles différentes. Certaines ressemblent à des ondulations à la surface d'un étang, d'autres sont comparables aux énormes vagues de l'océan. Lorsque nos oreilles captent des ondes sonores, notre cerveau les classe selon trois critères:

- **le volume:** l'intensité du son;
- **la tonalité:** la hauteur du son;
- **le timbre:** le type ou la qualité du son.

Les ondes sonores produites par chaque objet sont dissemblables. Cela signifie que deux notes jouées avec la même intensité et dans la même tonalité sur deux instruments différents produiront des sons tout à fait distincts.

La section des bois se trouve généralement au centre de l'orchestre, derrière les instruments à cordes et devant les instruments à percussion.

Le fonctionnement des bois

Qu'est-ce qu'un instrument à vent?

Tous les instruments à vent appartenant à la famille des « bois » fonctionnent de la même manière. Chacun dispose d'un tube ou tuyau sonore; le musicien fait vibrer l'air au sein de ce tube en soufflant dans une extrémité de l'instrument.

Les instruments à vent sont classés ainsi: les instruments **à bec sifflet** (flûte douce), **à anches** et **à embouchure**. Les instruments à anches comportent trois catégories: **à bec et anche simple** (clarinette, cor de basset, saxophone...), **à anche double** (hautbois, basson, contrebasson, cornemuse...) et **à anche libre** (harmonica et accordéon). Les instruments à embouchure regroupent les cuivres et les flûtes traversières (grande flûte, flûte alto...). Ces catégories déterminent la manière dont le son est produit. Soit l'air en mouvement vibre en se brisant sur une extrémité tranchante, soit il vibre sous l'effet de la vibration d'une anche. Plusieurs instruments de la famille des bois sont en réalité en métal ou en plastique. Le matériau de base ainsi que la forme, ou le **profil**, du tube altèrent le **timbre**.

Le biseau d'air

En soufflant dans le goulot d'une bouteille, vous faites retentir une note. C'est ce que l'on appelle produire un **biseau d'air**. Une extrémité tranchante brise l'air en mouvement dont les vibrations produisent une note. Les deux types les plus courants de biseau d'air s'appliquent à la flûte traversière (où la variation de hauteur des sons est obtenue par la modification de la forme et de la vitesse de la colonne d'air) et à la flûte droite (qui utilise le même mode d'insufflation que la flûte traversière, mais, dans ce cas-ci, la colonne d'air est dirigée sur le bord supérieur du tuyau). Si vous vous contentez de souffler dans la flûte, vous entendrez un sifflement strident.

Le son strident d'une anche ou le sifflement d'un biseau d'air fait vibrer la colonne d'air du tube de l'instrument. Plus la **colonne d'air** est longue et large, plus la note sera grave. Plus elle est courte et étroite, plus la note sera haute. On change de note en ouvrant ou obturant les trous du tuyau, modifiant ainsi la longueur de la colonne d'air. Lorsque tous les trous sont couverts, l'instrument émet sa note la plus basse. Pour certains instruments, les doigts suffisent à boucher tous les trous; d'autres, par contre, recourent à des **clés**. Certaines clés libèrent ou obturent les trous aux extrémités du tube, bien au-delà du champ d'action de la main. Le tuyau sonore peut donc être très long (et bas) ou très court (et aigu). Lorsque tous les trous sont ouverts, la colonne d'air est la plus courte et l'instrument émet sa note la plus haute. Si vous souhaitez produire une note encore plus haute, vous devrez recourir à une version plus petite de l'instrument. De même, pour descendre en deçà de la note la plus basse, vous devrez utiliser une version plus grande.

Les familles instrumentales sont le résultat des tentatives visant à atteindre la note la plus haute et la note la plus basse par la fabrication d'instruments de tailles différentes.

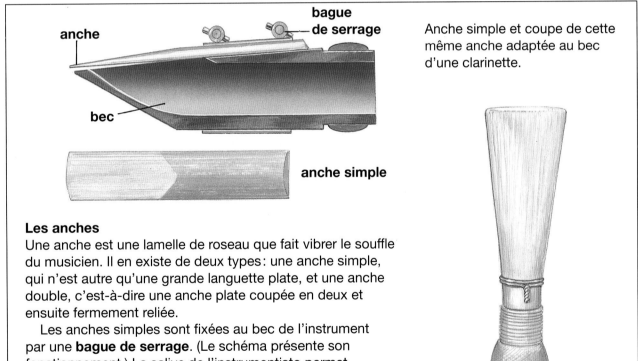

anche

bague de serrage

bec

anche simple

Anche simple et coupe de cette même anche adaptée au bec d'une clarinette.

Les anches
Une anche est une lamelle de roseau que fait vibrer le souffle du musicien. Il en existe de deux types: une anche simple, qui n'est autre qu'une grande languette plate, et une anche double, c'est-à-dire une anche plate coupée en deux et ensuite fermement reliée.

Les anches simples sont fixées au bec de l'instrument par une **bague de serrage**. (Le schéma présente son fonctionnement.) La salive de l'instrumentiste permet d'humecter l'anche; une anche «dure» reste rigide, tandis qu'une anche «souple» est plus flexible.

Si vous écoutez le son engendré par une anche simple reliée uniquement au bec par la bague de serrage, vous percevrez un sifflement désagréable. Lorsque le musicien souffle dans une anche double – qui ne doit pas être attachée à un bec pour produire un son –, il émet un bruit comparable au cri du canard.

L'anche double du basson est coupée à mesure; une fine lame permet d'ajuster son épaisseur.

Les flûtes à bec

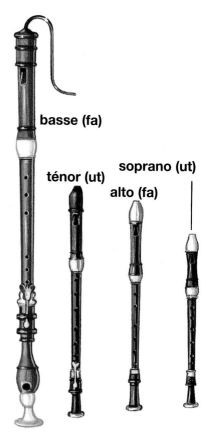

basse (fa)

ténor (ut)

soprano (ut)

alto (fa)

Les flûtes à bec

La flûte à bec, ou flûte douce, la plus courante est la **flûte soprano,** ou de dessus, que des milliers d'enfants de par le monde utilisent en classe. Ses premiers ancêtres du 12ᵉ siècle étaient en bois, d'autres étaient faits d'ossements ou de cornes d'animaux. Les flûtes à bec actuelles sont généralement en plastique.

Au début du 20ᵉ siècle, la flûte à bec avait pratiquement disparu. Un fabricant d'instruments anglais du nom d'Arnold Dolmetsch apprit par lui-même à concevoir une flûte à bec en bois. Sa fabrication exige beaucoup de temps, d'où son prix exorbitant. L'atelier de Dolmetsch créa finalement un instrument en plastique accordé et fiable, pouvant être produit en série. Cet instrument est bien moins cher et constitue pour des milliers d'individus le premier instrument d'apprentissage.

La plupart des musiciens apprennent à jouer de la flûte à bec soprano, mais les flûtes douces comptent d'autres membres moins classiques et de tailles différentes.

La flûte à bec soprano
La flûte à bec soprano possède huit trous et est constituée de trois parties, dont chacune constitue un **embout**. Au sommet se trouve le bec, au centre (comportant la plupart des **trous**) le **corps** et au pied enfin le **pavillon**. Lorsque l'instrument est assemblé, des anneaux en liège légèrement graissés soudent les embouts et empêchent toute fuite d'air. La flûte à bec peut être démontée pour son nettoyage et son rangement. La main gauche du flûtiste couvre les trois trous représentés ci-contre et le trou pour le pouce près du bec ; la main droite couvre les trous inférieurs. Les deux trous inférieurs sont en fait doubles (voir schéma). Le musicien apprend à boucher et à ouvrir ces doubles trous coupés par moitié. Le bec des flûtes douces est muni d'un canal qui forme colonne d'air. L'instrumentiste n'a plus à en assurer la direction ni le volume.

bec

corps

trous pour les doigts

pavillon

Les plus grandes flûtes à bec

Les flûtes à bec **alto** et **ténor** sont les deux flûtes de taille supérieure à la soprano. Si vous bouchez tous les trous de la flûte soprano, la note produite est le do. Quelle note est produite lorsque tous les trous des flûtes à bec alto et ténor sont bouchés ?

Jeu de la flûte à bec basse.

Le jeu de la flûte à bec
De nombreuses écoles enseignent la flûte à bec. Son apprentissage est facile et se fait généralement en groupes, ce qui permet de découvrir les joies du jeu collectif. Apprendre à jouer de la flûte à bec facilite l'apprentissage du solfège. Si vous vous exercez un peu chaque jour, vous pourrez rapidement exécuter des solos difficiles. Le passage de la flûte à bec aux autres bois s'opérera en outre plus facilement.

Les notes les plus basses de quatre flûtes à bec différentes

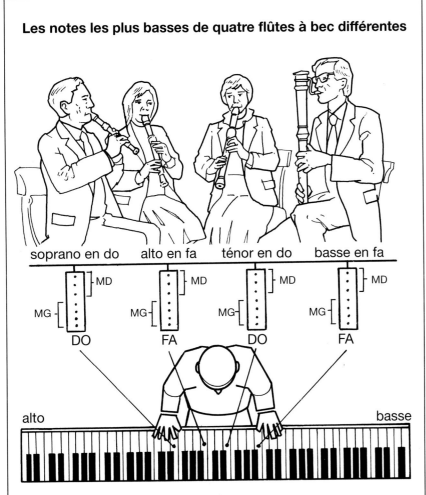

La note la plus basse de la flûte alto est le fa, celle de la flûte ténor est le do – exactement une **octave** en dessous de la flûte soprano. La note la plus basse de la flûte ténor s'obtient en bouchant un trou en dessous de celui que le petit doigt droit du musicien peut atteindre. Ce trou s'obture par une clé actionnant un tampon couvrant l'orifice. La flûte à bec basse dispose également d'une clé et d'un tampon. Elle est en fa comme la flûte alto, mais tellement volumineuse que l'instrumentiste doit souffler dans un tube ou **ton de rechange**.

Le jeu solo

Les flûtes à bec soprano et alto, grâce à leur tonalité pénétrante, furent utilisées dans les premiers **orchestres** ou ensembles pour y interpréter des **solos** difficiles. Les flûtes à bec ténor et basse jouent des partitions plus graves et accompagnent la mélodie.

Guide d'écoute
J.-S. Bach incorpora des partitions «pour flûte» à son Concerto brandebourgeois n° 4 pour flûtes à bec. Benjamin Britten les utilisa dans sa «Suite alpestre». Paul Hindemith les appliqua à son trio *Ploner Musiktag*. Bon nombre d'œuvres pour enfants incluent des morceaux pour flûte à bec.

Des flûtes à bec spéciales

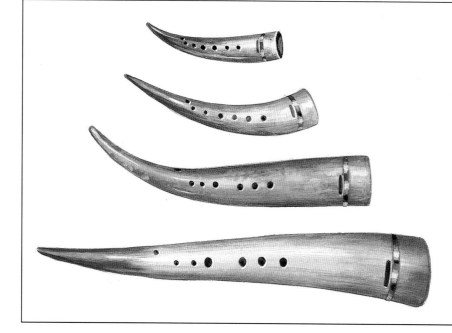

Le gemshorn ou cor de chamois est une sorte de flûte tubulaire comparable à la flûte à bec, faite de cornes de chamois ou d'oryx. Un bouchon en bois est introduit dans la partie évasée de la corne: il est percé d'un petit trou dans lequel on enfonce un tube, permettant à l'instrumentiste de souffler. Le sifflet (ou «bec») ainsi que les trous pour les doigts se trouvent dans la corne même. Son timbre doux est charmant et a fait l'objet d'enregistrements par des spécialistes en musique ancienne.

La *cyla-diare* provient d'Albanie. Elle ressemble à deux flûtes à bec placées côte à côte, découpées dans un seul bloc de bois. Le musicien joue de longues notes continues (**bourdons**) grâce au tuyau tenu de la main gauche. Le ton est donné par celui tenu par la main droite, qui comporte quatre ou cinq trous.

La plus petite flûte tubulaire est probablement la flûte *picco*, du nom d'un éminent flûtiste non-voyant du 19e siècle. Picco jouait d'une flûte comportant deux trous à l'avant et un trou pour le pouce à l'arrière. En obturant et libérant l'extrémité de l'instrument avec agilité, il parvenait à jouer plusieurs octaves.

Il est très délicat de jouer du *moseños* (de Bolivie). Les instrumentistes doivent garder la tête haute pour pouvoir souffler dans le tube de 90 cm de long et boucher les cinq trous situés au pied du tube pour changer de note.

En Amérique du Sud, les musiciens jouent du *pincullo*, une sorte de flûte à bec fabriquée à partir de bois et parfois d'ossements. Sa longueur varie de 40 cm à 1,20 m. Le *pincullo* a trois trous, de sorte que le musicien peut en jouer d'une main et frapper un tambour de l'autre. Cela évoque le Moyen Âge en Europe, où des musiciens jouaient conjointement du galoubet et du tambourin, comme cela se pratique encore dans certaines régions de France, du Portugal et d'Espagne. Vers 1588, le comédien anglais William Kemp dansa de Londres à Norwich, seulement accompagné d'un joueur de flûte et de tambourin. Son voyage dura neuf jours (voir ci-contre *Kemps nine daies wonder*).

Ces musiciens jouant du *moseños* sont originaires de la région du lac Titicaca et présentent deux tailles différentes de cet instrument bolivien, fréquemment utilisé lors des festivités de fin d'année.

Kemps nine daies vvonder
Performed in a daunce from
London to Norwich.

Containing the pleasure, paines and kinde entertainment of *William Kemp* betweene *London* and that Citty in his late Morrice.

Wherein is somewhat set downe worth note; to reproue the slaunders spred of him: many things merry, nothing hurtfull.

Written by himselfe to satisfie his friends.

LONDON
Printed by *E.A.* for *Nicholas Ling*, and are to be solde at his shop at the west doore of Saint Paules Church. 1 6 0 0.

Une page extraite de l'opuscule de William Kemp concernant sa danse de Londres à Norwich. Son joueur de flûte et de tambourin s'appelait Thomas Slye.

Les flûtes traversières

Le terme « flûtes » recouvre, depuis le 18e siècle, les flûtes traversières. Toutes sont des instruments à embouchure, produisant un son par biseau d'air. Le flûtiste souffle dans le trou latéral de l'embouchure, situé à environ 5 cm de l'extrémité de l'instrument. Les grandes flûtes occidentales existent au moins en quatre dimensions. La plus petite est le piccolo (de l'italien « petit ») et mesure environ 30 cm de long. Puis viennent la flûte ordinaire, de 60 cm de long, et les flûtes **alto** et **basse**.

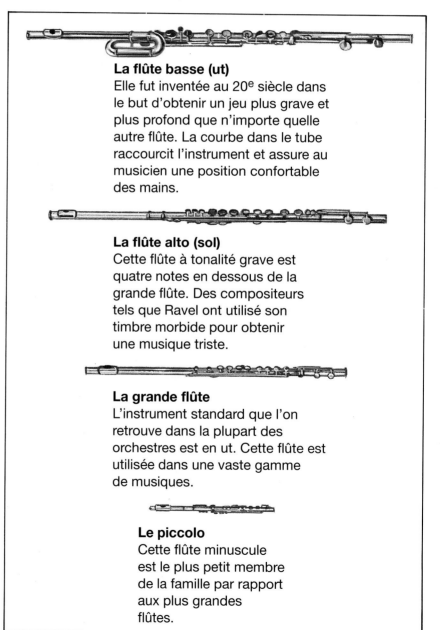

La flûte basse (ut)
Elle fut inventée au 20e siècle dans le but d'obtenir un jeu plus grave et plus profond que n'importe quelle autre flûte. La courbe dans le tube raccourcit l'instrument et assure au musicien une position confortable des mains.

La flûte alto (sol)
Cette flûte à tonalité grave est quatre notes en dessous de la grande flûte. Des compositeurs tels que Ravel ont utilisé son timbre morbide pour obtenir une musique triste.

La grande flûte
L'instrument standard que l'on retrouve dans la plupart des orchestres est en ut. Cette flûte est utilisée dans une vaste gamme de musiques.

Le piccolo
Cette flûte minuscule est le plus petit membre de la famille par rapport aux plus grandes flûtes.

Les flûtes traversières

La flûte piccolo

Son son aigu permet de l'identifier facilement dans l'orchestre.
Il a un timbre plus aigu que la grande flûte ; on l'utilise pour une
musique de divertissement ou des effets spéciaux.

Cette joueuse de piccolo tient
sa flûte de côté.

Les trous et les clés

La flûte traversière la plus simple est le fifre. Il possède un trou
dans lequel on souffle et six trous pour les doigts. Les doigts
couvrent les trous et modifient la longueur du tuyau sonore.
La position la plus confortable pour les doigts ne correspond pas
toujours à la meilleure pour le pavillon. Pour obtenir un timbre
et un **diapason** plus précis, les trous sont parfois percés à des
endroits d'accès difficile. Un système de tampons et de clés fut
donc mis au point de sorte que l'instrumentiste puisse aisément
ouvrir et obturer les trous. La flûte a un ensemble de clés plus
compliqué inventé par un Allemand, Theobald Boehm.
On parle d'ailleurs du système de clés de Boehm.

Un flûtiste de l'époque de la
guerre civile en Angleterre.

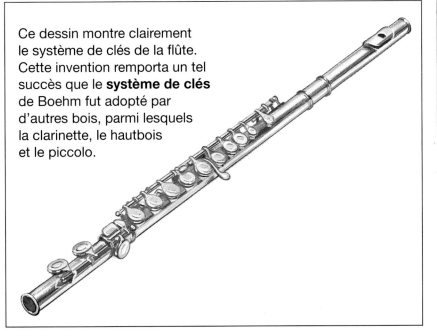

Ce dessin montre clairement
le système de clés de la flûte.
Cette invention remporta un tel
succès que le **système de clés**
de Boehm fut adopté par
d'autres bois, parmi lesquels
la clarinette, le hautbois
et le piccolo.

Les flûtes dans le monde

Ce joueur de *ryuteki* japonais porte les habits de cérémonie. Le *ryuteki* est utilisé pour interpréter la mélodie principale en musique populaire et à la cour royale. Comme le *nokan*, le *ryuteki* est en bambou et compte sept trous.

Au Japon, il existe une flûte traversière appelée *nokan*. Elle compte sept trous et est constituée de lamelles de bambou fendu, liées par des écorces et peintes. Au sein du *nokan* se trouve un poids métallique permettant d'équilibrer l'instrument. Le *nokan* fait partie de l'orchestre qui joue lors de représentations de *nôs* et de *kabukis* combinant danse, mime, musique et mélodrame. Le *ryuteki* est comparable au *nokan*, mais est principalement utilisé pour la musique à la cour royale. Son nom provient d'un instrument chinois du 12e siècle, la flûte au dragon, qui était dotée d'une tête de dragon au niveau du pavillon.

En Inde, des fresques remontant au 3e siècle av. J.-C. dépeignent le jeu de flûtes à la cour et dans les temples. Des textes en sanscrit (l'ancienne langue de l'Inde) décrivent les flûtes, leur facture ainsi que leur jeu au 11e siècle; mais lorsque, un siècle plus tard, la majeure partie de l'Inde tomba sous la domination musulmane, la flûte perdit de sa popularité. Elle l'a partiellement recouvrée aujourd'hui. Le petit *venu* est utilisé dans le sud du pays et le grand *basouri* en bambou dans le nord.

Les flûtes de Pan sont généralement composées de plusieurs tuyaux; en Roumanie, la *tilinca* n'a qu'un seul tuyau. Le musicien souffle dans un tuyau de 60 cm de long et modifie les notes en obturant et libérant le trou à l'autre extrémité. Les Roumains jouent aussi du *nay*, une flûte de Pan à plusieurs tuyaux.

Un groupe latino-américain jouant de la flûte de Pan de trois tailles différentes.

Le jeu de flûte

La plupart des flûtes permettent d'émettre les premiers sons rapidement et aisément. Le plus difficile consiste à apprendre uniquement à souffler dans le bec de la flûte et à produire une note. Les premiers sons ressemblent parfois à des grincements bizarres ou à des souffles silencieux! Un instrument convenable peut être cher; il vaut mieux parfois en emprunter un à l'école ou à un orchestre de jeunes pour faire un essai. Un entraînement quotidien rigoureux s'impose; la connaissance de la flûte à bec est un avantage. On peut jouer au sein d'orchestres symphoniques, de musique de chambre ou d'orchestres à vent.

Guide d'écoute

La plupart des grandes compositions pour flûte remontent au 18e siècle. J.-S. Bach composa des sonates et concertos pour flûte solo (où le flûtiste solo est accompagné d'un orchestre) et Haendel composa douze sonates. Telemann, Rameau et Mozart écrivirent de nombreux morceaux pour flûte.

Des compositeurs du 20e siècle, tels que Debussy et Ravel, ont incorporé la flûte dans leurs œuvres. En jazz, la flûte fut utilisée par Herbie Mann et par l'instrumentiste polyvalent et non-voyant Roland Kirk. En rock, Ian Anderson, le leader du groupe Jethro Tull, est réputé pour son jeu de flûte.

Les clarinettes

Le chalumeau

À la fin du 17e siècle, les fabricants d'instruments tentèrent de mettre au point une version plus sonore de la flûte à bec.

Un bec à anche simple fut ajouté à une flûte à sept trous. Cet instrument devint le chalumeau. L'anche des premiers chalumeaux se trouvait tout en haut et vibrait contre la lèvre supérieure du musicien. Le **registre** grave du chalumeau était sonore et puissant, mais il était difficile d'obtenir une gamme de notes aiguës. La clarinette naquit lorsque les fabricants tentèrent d'obtenir un chalumeau doté d'un registre aigu.

Au début du 18e siècle, la position de l'anche fut déplacée sous le bec contre la lèvre inférieure de l'instrumentiste. Le bec avait été réduit. Puis une nouvelle clé, dite du registre, fut ajoutée, permettant d'ouvrir un trou près du sommet de l'instrument. Un meilleur bec ainsi que cette nouvelle clé permirent d'étendre la gamme de l'instrument. Le chalumeau fut de moins en moins utilisé. Actuellement, il n'en reste qu'une seule trace : le registre des notes plus aiguës de la clarinette est appelé le « chalumeau ».

Ci-contre, un chalumeau reconstitué récemment. L'anche se trouve sous le bec et est maintenue à l'aide d'une bague de serrage.

La clarinette

La clarinette fut inventée entre 1700 et 1720 par Johann Christoph Denner à Nuremberg, en Allemagne. Les premières clarinettes étaient très différentes de l'instrument moderne.

De plus en plus de clés furent graduellement ajoutées. La clarinette moderne comprend le système de clés de Boehm, comme la flûte. L'illustration ci-dessous permet de remarquer que la clarinette est plus complexe que la flûte à bec.

Quand nous parlons de clarinette, nous pensons généralement à la clarinette soprano en si^b. Au fil des années, des clarinettes de tailles différentes ont été conçues, mais le modèle actuel le plus courant est la clarinette soprano en si^b, en la^b, la clarinette sopranino en mi^b et la clarinette basse en si^b. La clarinette basse moderne combine le corps droit et le système de clés d'une clarinette classique ainsi qu'un **ton de rechange** et un pavillon comparables à ceux du saxophone.

mi^b si^b

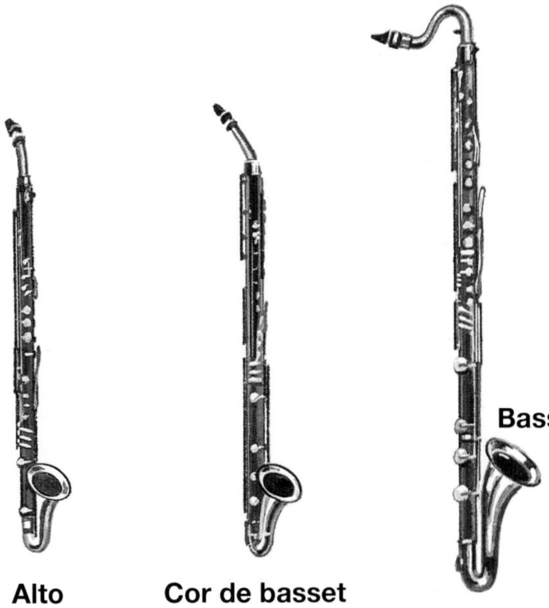

Alto   **Cor de basset**   **Basse**

Emma Johnson jouant de la clarinette en si^b.

De nombreux jazzmen ont utilisé la clarinette : Johnny Dodds, Sidney Bechet, Barney Bigard (qui donna son « Concerto de Barney » avec l'orchestre de Duke Ellington) et Benny Goodman, le plus brillant techniquement. Goodman demanda aussi à des compositeurs classiques tels que Bartok, Copland et Hindemith de lui composer des morceaux pour clarinette.

Des clarinettes particulières

Le jazzman Adrian Rollini enregistra des disques où il joua d'une clarinette miniature du nom de *Hot Fountain Pen*. Elle était si petite qu'il pouvait la mettre dans la poche de sa veste. Son timbre était très aigu ; elle n'avait pas de véritables clés.

Le *nadsip* hongrois est similaire à l'instrument de Rollini. C'est une petite clarinette de la taille du sifflet employé encore par les bergers de la Grande Prairie américaine. La clarinette soprano est utilisée en musique gitane hongroise et roumaine.

Le *launeddas* de Sardaigne est composé de trois clarinettes simples liées entre elles. Le musicien doit souffler dans les trois anches simultanément. Un des tuyaux n'a pas de trous et n'est qu'un simple bourdon. Celui-ci est tenu avec le tube médian de la main gauche, tandis que la main droite tient le plus petit tube.

Au sein de l'orchestre

La section des bois d'un orchestre symphonique comporte deux ou trois clarinettes. Les musiciens utilisent diverses clarinettes dans la majorité des interprétations. Les compositeurs recourent à une grande variété de sons et certains passages de la musique classique, tels que des mouvements de la « Symphonie pastorale » de Beethoven ou la « Symphonie fantastique » de Berlioz, reposent sur la clarinette. Parmi les grands clarinettistes, citons Jack Brymer, Gervase de Peyer et Emma Johnson.

Les clarinettes dans l'orchestre

Le jeu de clarinette

La clarinette se tient comme la flûte à bec alto. Il n'est pas simple au départ de jouer avec une anche simple contre la lèvre inférieure, mais dix minutes d'exercices par jour permettent de progresser rapidement.

Les clarinettistes jouent dans des orchestres à vent, symphoniques ou comme solistes en musique de chambre. Lorsque l'on maîtrise la clarinette, on peut passer à n'importe quel saxophone. Une clarinette en plastique est relativement peu chère, mais il faut acheter régulièrement des anches.

Guide d'écoute

En 1791, Mozart composa un concerto pour clarinette dans lequel il révéla la brillance de son registre aigu et le caractère ténébreux de son registre grave. Les deux concertos de Weber, tous deux de 1811, témoignent de la souplesse de l'instrument. De nombreux compositeurs, parmi lesquels Beethoven et Brahms, ont composé de la musique de chambre. Des compositeurs du 20e siècle, tels que Stravinski (dans *Ebony Concerto*) et Gershwin (dans *Rhapsody in Blue*), ont fait appel à cet instrument.

Les saxophones

Tous les autres bois traités dans cet ouvrage se sont développés au fil du temps ou sont des adaptations d'instruments plus anciens. Les divers saxophones furent inventés en 1846 par un Belge : Adolphe Sax. Ce sont des instruments en cuivre avec un orifice conique et une seule anche. Le corps du saxophone compte de 18 à 20 trous sonores, fermés par des tampons. Les clés sont faciles à manipuler : il pourrait s'agir d'une flûte à bec dotée de certaines caractéristiques du système de Boehm.

Les divers saxophones sont présentés ci-dessous. Le saxophone soprano existe en deux modèles, un droit et un courbé.

Les clés et les tampons

Les saxophones sont plus simples que les clarinettes. Dans pratiquement tous les systèmes de doigté de la clarinette, les doigts couvrent en réalité certains trous, dont certains sont entourés d'anneaux qui ouvrent ou bouchent d'autres trous de l'instrument. Seuls les trous d'accès difficile sont fermés par des tampons. Sur le saxophone, même les trous directement sous les doigts de l'instrumentiste disposent de tampons.

alto en mi♭

soprano en si♭

ténor en si♭

basse en si♭

baryton en mi♭

Parmi les quatorze tailles différentes de saxophones créées en 1846, nous n'en utilisons guère plus que cinq.

Le bec

À ce niveau, les saxophones divergent aussi des clarinettes. Le bec de la clarinette est conçu pour s'emboîter dans le sommet du **baril** de l'instrument. Le musicien accorde l'instrument en ajustant la jointure entre le baril et le corps du haut. Si vous examinez minutieusement les saxophones, vous verrez qu'ils ne disposent pas de baril. Par contre, le bec s'emboîte dans le sommet de l'instrument. Dans le cas des saxophones ténor, **baryton** et basse, le bec s'adapte au ton de rechange qui prolonge la tête du saxophone jusqu'à la bouche du saxophoniste, comme pour la flûte à bec basse. L'instrumentiste accorde le saxophone en ajustant la position du bec.

La musique de jazz

Le saxophone doit son immense succès au jazz. Dans pratiquement tous les styles et toutes les périodes du jazz, tous les types de saxophones ont été utilisés. Les grands orchestres, notamment ceux de Duke Ellington et de Count Basie, eurent recours à un groupe de quatre saxophones – un alto, deux ténors et un baryton. Des solistes, comme les saxophonistes ténors Coleman Hawkins et Lester Young, ont débuté dans des grands orchestres. Sidney Bechet et ses disciples jouaient du saxophone soprano. Charlie Parker mit au point son style de jazz moderne au saxophone alto. Plus récemment, de jeunes jazzmen ont subi l'influence du saxophone ténor utilisé par John Coltrane et Sonny Rollins. Des instrumentistes, tels que Ralph Moore, Steve Williamson, Courtney Pine et Branford Marsalis, sont les étoiles montantes du saxophone.

Courtney Pine jouant du saxophone ténor.

Des saxophones particuliers

Les inventeurs et fabricants d'instruments ont élargi la famille originale des saxophones. Un des plus étranges est le saxophone à coulisse dont la taille est comparable au saxophone soprano, mais qui est actionné par une sorte de coulisse de trombone. Le jazzman américain Snub Mosley a contribué à sa renommée et fut surnommé « l'homme au drôle de cor ».

L'instrumentiste polyvalent Roland Kirk jouait de plusieurs saxophones en même temps. Aveugle, il parvenait quand même à jouer, avec une dextérité remarquable, de plusieurs instruments suspendus à son cou. Il utilisait deux types très inhabituels de saxophones, le *manzello*, un soprano légèrement incurvé, et le *stritch*, une version droite du saxophone alto.

La basse de saxophone est grande, encombrante et difficile à manipuler. On l'utilisa rarement, sauf dans la musique de danse des années 1920 où elle remplaça la contrebasse ou le tuba. En tant qu'instrument le plus inhabituel de tous, elle reçut une attention inattendue. Des romans et des téléfilms lui ont été consacrés, et la vedette de rock Andy « Thunderclap » Newman en emportait une partout où il allait.

Roland Kirk et son attirail de saxophones inhabituels.

Le jeu de saxophone

La majorité des saxophonistes professionnels jouent de tous les saxophones. Pour apprendre à jouer, il est recommandé de choisir un alto ou un ténor. Le saxophone est étonnamment semblable à la flûte à bec, et son doigté très proche.
Le toucher du bec est comparable à celui de la clarinette.

Les tampons et les ressorts devant être en parfait état de marche, l'entretien du saxophone peut s'avérer coûteux. Il vaut mieux en emprunter un à l'école pour apprendre le jeu de base. Un entraînement quotidien permet de jouer du rock ou du jazz.

Guide d'écoute

Certains compositeurs ont écrit des concertos pour saxophone, d'autres ont composé de la musique de chambre pour quatuor de saxophones. Pour entendre certains des meilleurs morceaux, recherchez l'interprétation de Coleman Hawkins de *Body and Soul*, celle de Lester Young de *Lester Leaps In* ou encore n'importe quel enregistrement de Charlie Parker. Il existe également des enregistrements plus récents de Bobby Watson, Christopher Hollyday, Bill Evans et Steve Williamson.

Le hautbois

Jeu de chalumeaux lors d'une procession flamande du 16ᵉ siècle. En Catalogne, en Espagne, le chalumeau est encore utilisé dans les orchestres *cobla* qui accompagnent les fameuses danses régionales, les *sardanes*.

Le terme hautbois vient de « haut » et de « bois ». Au Moyen Âge, il existait des instruments similaires dont le son aigu ressemblait à celui de la trompette. Un des plus courants était le chalumeau. Quoique l'anche du chalumeau fût entourée d'une sorte de capsule en bois, appelée « pirouette », son fonctionnement était similaire à celui du hautbois et son timbre aigu.

Le hautbois actuel fut inventé par Jean Hotteterre à la cour de France au 17ᵉ siècle. Les membres les plus importants – alto et ténor – ont un pavillon bulbeux. Les plus courants parmi ces instruments sont le hautbois alto d'amour en la et le cor anglais en fa.

Le hautbois n'a pas été largement utilisé en musique de jazz ou de rock. Dans les années 1930, Alec Wilder composa un concerto pour hautbois pour le chef d'orchestre populaire Mitch Miller ; l'instrumentiste de jazz Karl Jenkins joua dans des orchestres dirigés par Graham Collier et Ian Carr.

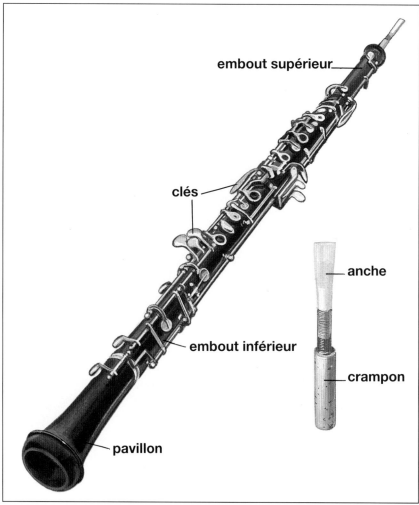

embout supérieur

clés

anche

embout inférieur

crampon

pavillon

Les trois parties principales d'un hautbois et (à droite) l'anche double de l'instrument.

Le corps du hautbois ressemble plutôt à celui d'une clarinette. Il est généralement en bois noir ou en plastique et est doté du système de clés de Boehm. La tonalité de l'instrument orchestral normal est en ut. La principale différence entre le hautbois et la clarinette réside dans la production du son. Le hautbois recourt à une anche double, fixée en son sommet par un **crampon**. Les extrémités de l'anche double sont pincées par les lèvres du musicien et vibrent lorsque de l'air est insufflé. Le hautbois joue la note que l'ensemble de l'orchestre utilise pour s'accorder.

Le heckelphone

Cette version baryton du hautbois fut inventée en 1904 par William Heckel. D'autres grands hautbois possédaient une tonalité douce et Heckel développa un instrument plus puissant. Celui-ci dispose d'une anche double, large et reliée à l'instrument par un **ton de rechange** métallique courbé. Richard Strauss inclut l'instrument dans son opéra « Salomé » et de nombreux compositeurs écrivirent des morceaux pour cet instrument. Le heckelphone remplace parfois d'autres grands hautbois.

Guide d'écoute
Haendel composa une série de trois concertos pour hautbois. Vivaldi et Albinoni composèrent également pour le hautbois. Bach y recourut pour accompagner les chanteurs de ses compositions religieuses. Ce type de solo est appelé un «obbligato». Dès 1750, le hautbois fit partie de l'orchestre et de nombreux compositeurs dont Mozart, Beethoven, Schubert, Brahms et Mahler l'ont utilisé.

Le jeu de hautbois
Comme les hautbois utilisent le système de clés de Boehm, le doigté est similaire à celui de la clarinette ou de la flûte. Un entraînement quotidien s'impose car la maîtrise de l'anche double est difficile. Toutes les anches doubles ne se ressemblent pas; elles sont parfois très capricieuses. Certaines crient, d'autres n'émettent que difficilement une note; la partie la plus ardue de l'apprentissage du jeu instrumental consiste donc à maîtriser l'anche.

Le hautbois convient particulièrement pour interpréter de la musique classique ou de chambre. Les hautbois sont très coûteux; il est donc préférable d'en emprunter un pour apprendre les bases.

Le basson

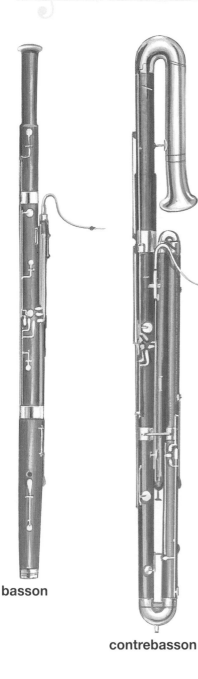

basson

contrebasson

Le basson est la basse de la famille des bois; il possède une anche double. C'est une version moderne d'un instrument nommé dulcine. Cet ancêtre du basson était fait d'une seule pièce de bois et non de parties assemblées. Les dulcines comptaient donc des petites versions alto ou de dessus. Pourtant, le plus courant était l'instrument de taille moyenne, le chorist-fagott, où «fagott» signifie «faisceau de petites branches». Le tuyau sonore du basson est replié sur lui-même.

Au début du 17e siècle, les fabricants d'instruments français mirent au point le basson moderne à partir de la dulcine et d'un instrument fabriqué par Afranio vers 1520: le fagot. Au départ, le basson ne disposait que de quelques clés. Son tuyau étant extrêmement long et ne comptant que quelques trous, la gamme de l'instrument était limitée et il était difficile de jouer dans le ton.

Les fabricants ont tenté au fil des ans d'améliorer le basson en aménageant les clés pour qu'elles s'adaptent à la main de l'instrumentiste. Deux systèmes devinrent très populaires, le français (mis au point par Buffet) et l'allemand (développé par Heckel).

Deux bassons (ou bassonistes) de la section des bois d'un orchestre.

Le jeu de basson

Le basson est un instrument de grande taille. Il faut être suffisamment grand pour atteindre les trous et pouvoir les couvrir tous en tendant la main au maximum.

Cet instrument lourd est soutenu par une corde que le musicien glisse autour de son cou. L'anche double du basson est plus facile à maîtriser que celle du hautbois.

En raison de sa taille, le basson est coûteux. Il demande un entraînement régulier mais, lorsque vous en aurez appris la base, votre répertoire musical pourra s'étendre.

Guide d'écoute

Le «Concerto pour basson» de Mozart fut composé en 1774 pour une version antérieure de l'instrument. Ce concerto reste la composition solo la plus importante pour basson.

À l'instar de Mozart, de nombreux compositeurs ont écrit des concertos pour basson, parmi lesquels Elgar et Villa-Lobos. Il existe de plus petites symphonies «concertantes» composées par Richard Strauss et Hindemith. L'instrument a été largement utilisé en musique de chambre. Mozart composa des duos pour basson et violoncelle et un quintette (pour hautbois, clarinette, cor, basson et piano). Beethoven composa une série de morceaux pour des ensembles à vent, tels que son fameux octuor de 1792 incluant deux bassons.

D'autres instruments à vent

Guide d'écoute

Des compositeurs tels que Vaughan Williams et Darius Milhaud composèrent pour l'harmonica et Malcolm Arnold a même créé un concerto intégral.

Un groupe d'instruments qui n'apparaissent pas au sein de l'orchestre symphonique utilisent une **anche libre** pour produire un son. Les anches libres ne vibrent pas contre les lèvres du musicien, comme l'anche simple de la clarinette ou du saxophone, ou l'anche double du basson, du hautbois ou de la cornemuse. Elles créent un son au passage de l'air et ne dépendent pas toutes du souffle du musicien.

L'harmonica dépend du souffle du musicien ; d'autres instruments à anche libre ont recours à un **soufflet** qui fournit l'air aux anches. Parmi eux, les concertinas et les accordéons.

L'harmonica

L'harmonica est un instrument droit composé d'un caisson métallique contenant une série d'anches libres. Les notes de la gamme peuvent être jouées en inspirant et expirant alternativement. L'harmonica compte son lot de **virtuoses**, parmi lesquels Larry Adler et le jazzman belge « Toots » Thielemans. Le rôle de l'harmonica dans le blues est aussi primordial. À Chicago, aux États-Unis, où Junior Wells et Sonny Terry en jouèrent, on le surnomma « la harpe du blues ».

Le jeu d'harmonica

L'harmonica est un instrument bon marché. Les harmonicas simples ne présentent pas une gamme complète de notes, mais il existe des instruments plus complexes (et plus coûteux) pour les professionnels.

Les harmonicas sont facilement transportables et s'utilisent n'importe où, mais ils se marient mal avec d'autres instruments, à moins d'atteindre un haut niveau.

Les cornemuses

La cornemuse présente une **anche double** associée à divers tuyaux. Ce drôle d'instrument utilise l'air contenu dans une outre (un sac), gonflée par le biais d'un tuyau d'insufflation et coincée sous le bras du musicien qui propulse de l'air dans les tuyaux. Un seul tuyau, la *musette* ou le chalumeau, comporte des trous. C'est ce tube qui permet de jouer le chant. Les autres tuyaux, les bourdons, interprètent de longues notes continues. D'origine écossaise, la cornemuse figure parmi les instruments à vent de type populaire et folklorique. La *musette* et le *biniou* en France, la *gaita* en Espagne, le *bock* en Allemagne et le *dudy* en ex-Tchécoslovaquie – pour ne pas parler de l'*uilleann* d'Irlande – sont des variétés d'un même instrument. Il existe de nombreux enregistrements de tous ces instruments.

L'accordéon et le concertina

Ces deux instruments ont une série d'**anches libres** montées sur des claviers entre lesquels sont insérés des soufflets. L'accordéon compte généralement deux claviers : les touches du piano pour la main droite interprètent la mélodie et une série de boutons pour la main gauche assurent l'accompagnement. Le concertina (inventé en 1829 par sir Charles Wheatstone) comporte deux séries de boutons, une à chaque extrémité des soufflets ; il s'adapte plus aisément aux mains du musicien que l'accordéon.

Le jeu de cornemuse

Il est très difficile de contrôler l'outre, le flux d'air, les bourdons et la musette. Les musiciens apprennent d'abord le doigté des mélodies sur la musette, comme s'il s'agissait d'une flûte à bec, puis à gonfler l'outre et à diriger l'air vers les tuyaux. Des orchestres de cornemuses existent dans de nombreuses parties du monde. Les cornemuseurs doivent apprendre à marcher en cadence tout en jouant les mêmes notes harmonieusement !

À gauche de la photo, vous pouvez voir le clavier soprano (piano), à droite, le clavier des basses (boutons) et, au centre, les soufflets.

Glossaire

accorder   régler la justesse d'un instrument de musique.

alto   voix de femme la plus grave ; tout instrument alto.

anche libre   anche, généralement métallique, fixée uniquement à une extrémité.

bague de serrage   dispositif qui permet de fixer l'anche simple au bec d'une clarinette ou d'un saxophone.

baril   section située entre le bec et la tête d'un instrument à vent.

baryton   voix d'homme intermédiaire entre le ténor et la basse ; tout instrument baryton.

basse   voix d'homme la plus grave.

clarinette basse   clarinette en si^b   cor anglais

bec   extrémité effilée en biseau de certains instruments à vent, qu'on tient entre les lèvres et à laquelle est assujettie l'anche (bec de la clarinette).

biseau d'air   flux d'air émis par le musicien qui en règle la pression, frappe le bord d'un tube aménagé à cet effet et fait vibrer la colonne d'air.

bourdon   tube et anche de la cornemuse engendrant une note unique continue.

clé   levier muni d'un ressort qui actionne un tampon au-dessus d'un orifice situé à une extrémité et activé par le doigt du musicien à l'autre extrémité.

colonne d'air   longueur d'air dans le tuyau qui peut être raccourcie par l'ouverture des trous.

coupe   section transversale d'un instrument.

crampon   tube auquel est fixée l'anche double d'un hautbois ou d'un basson.

flûte à bec   ou flûte douce : généralement en bois (ou en plastique). Elle possède huit trous. Sa tessiture est de deux octaves, ce qui conduit à l'existence de plusieurs modèles : soprano, ténor, alto et basse. Le bec est muni d'un canal qui forme colonne d'air. Le musicien n'a plus à en assurer la direction ni le volume.

flûte droite   flûte dont la colonne d'air est dirigée sur le bord supérieur du tuyau. Des trous permettent de modifier la hauteur des sons.

flûte traversière   flûte se plaçant en travers de la bouche. Elle est constituée d'un tuyau cylindrique et est démontable en trois parties. Sa tessiture est de trois octaves. La variation de hauteur des sons est obtenue par la modification de la forme et de la vitesse de la colonne d'air.

flûte traversière

Le flûtiste souffle dans le trou latéral de l'embouchure.

direction de l'air

musette (ou chalumeau) tube d'une cornemuse comportant les trous pour les doigts. Instrument à air composé d'un réservoir en forme de sac alimenté par un soufflet et muni d'un ou deux tuyaux à anche et de quelques grands tuyaux.

octave huit notes d'une gamme complète.

orchestre groupe de plusieurs instrumentistes jouant ensemble.

pavillon ouverture évasée à l'extrémité opposée au bec d'un instrument à vent en bois.

registre partie de l'échelle sonore d'un instrument.

sifflet embouchure du chalumeau qui dirige l'air vers une extrémité tranchante et le brise.

solo morceau instrumental interprété ou chanté par une seule personne.

soprano voix de femme ou de jeune garçon, la plus élevée des voix.

soufflet pompe servant à diriger l'air dans les tuyaux des instruments à anches libres.

système de clés mécanisme qui permet au musicien d'ouvrir et de fermer les trous à l'aide de clés et de tampons.

ténor voix d'homme la plus élevée.

timbre qualité caractéristique d'un son produit par un instrument particulier.

ton qualité sonore d'une voix liée à sa hauteur, à son timbre, à son intensité, etc.

tonalité hauteur d'une note indiquée par sa position sur la portée.

ton de rechange tube métallique courbé reliant le sommet du tuyau principal au bec.

trous pour les doigts trous sonores ouverts et fermés par les doigts d'un musicien.

tuyau tube d'un instrument à vent. Le galoubet était un instrument comportant un tuyau à trois trous, joué conjointement avec un tambour.

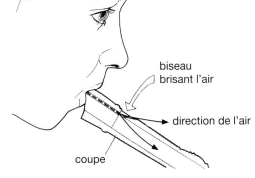

tuyau

biseau brisant l'air

direction de l'air

coupe

virtuose personne particulièrement douée pour le jeu d'un instrument déterminé.

volume la force ou la douceur d'un son.

Index

PRINTED IN BELGIUM BY
proost
INTERNATIONAL BOOK PRODUCTION